엔트리 코딩 탐정단 3 대탈출 편

초판인쇄 2021년 7월 27일
초판발행 2021년 8월 3일

지은이 | 박정호, 문찬규, 임우열, 강태준
펴낸이 | 김승기
펴낸곳 | ㈜생능출판사 / **주소** | 경기도 파주시 광인사길 143
출판사 등록일 | 2005년 1월 21일 / **신고번호** 제406-2005-000002호
대표전화 | (031) 955-0761 / **팩스** (031) 955-0768
홈페이지 | www.booksr.co.kr

책임편집 | 유제훈 / **편집** 신성민, 양둥글, 권소정 / **디자인** 디자인86
마케팅 | 최복락, 심수경, 차종필, 백수정, 최태웅, 명하나, 김범용
인쇄 | 성광인쇄(주) / **제본** | 일진제책사

ISBN 978-89-7050-499-5 77000
값 15,000원

• 이 책의 저작권은 ㈜생능출판사와 지은이에게 있습니다. 무단 복제 및 전재를 금합니다.
• 잘못된 책은 구입한 서점에서 교환해 드립니다.

머리말

"컴퓨터는 놀랄 만큼 빠르고 정확하지만,
 대단히 멍청하다."

이 말은 전 세계에서 가장 유명한 물리학자 중 한 명인 알베르트 아인슈타인이 한 말이에요. 컴퓨터에 비해 사람은 놀랄 만큼 느리고 부정확하지만, 대단히 똑똑하답니다. 만약, 이 둘이 힘을 합치면 얼마나 큰 힘을 가지게 될까요? 아마도 우리가 상상할 수 없을 만큼 큰 힘을 가지게 될 것입니다.

내가 원하는 영상을 언제든 보여주고, 온갖 게임을 할 수 있고, 세상의 모든 지식을 검색할 수 있을 것 같은 스마트폰을 비롯한 컴퓨터를 사람들은 만능 기계라고 생각할 수도 있어요. 하지만 사실 컴퓨터는 사람이 시킨 일 이외에는 아무것도 할 수 없는 기계일 뿐이랍니다.

그럼 알파고처럼 사람을 이긴 인공지능은 뭐냐고요? 인공지능은 '대단히 멍청한' 컴퓨터가 '대단히 똑똑한' 사람처럼 일을 처리할 수 있도록 만든 것이지요. 높은 지능을 가진 사람의 장점과 엄청나게 빠른 속도로 일을 처리할 수 있는 컴퓨터의 장점을 합쳐놓은 것이라고 할 수 있어요. 그래서 앞으로 인공지능이 우리들의 일상생활 모습을 크게 바꿔놓을 것이라고 모두 예상하고 있어요.

어쨌든 컴퓨터라는 기계가 엄청난 능력을 가지고 있다는 것은 분명한 사실이에요. 그럼 이런 컴퓨터를 자유자재로 활용할 수 있다면 어떨까요? 마치 마법사가 된 것처럼 내가 상상했던 일을 모두 이룰 수 있을지 몰라요. 자율주행차나 스마트홈처럼 미래 사회에서는 우리 생활 곳곳에서 컴퓨터 프로그램이 사용될 것이니 컴퓨터 프로그램을 잘할 수 있다는 것은 엄청난 힘을 가질 수 있다는 것과 같은 뜻이 될 수 있을 거예요.

엔트리란?

우리는 다른 사람과 소통하기 위해 언어를 사용하듯 컴퓨터와 소통하고 원하는 대로 컴퓨터를 활용하기 위해서도 언어가 필요해요. 이런 언어를 프로그래밍 언어라고 하지요. 하지만 일반적인 프로그래밍 언어는 여러분들에게 무척 어렵게 느껴질 수 있어요. 그래서 누구든 쉽게 컴퓨터 프로그래밍 언어를 사용할 수 있도록 만든 것이 바로 '교육용 프로그래밍 언어'랍니다. 세종대왕이 한글을 창제하여 많은 백성이 글을 깨우쳤듯 교육용 프로그래밍 언어를 통해 우리 학생들도 컴퓨터와 쉽게 소통하고 원하는 대로 컴퓨터를 다룰 수 있게 될 것입니다.

'엔트리(entry)'는 우리나라에서 가장 많이 사용되고 있는 교육용 프로그래밍 언어 중 하나랍니다. 컴퓨터 프로그램을 만들기 위한 명령어들이 블록 형태로 구성되어 있고, 그중 내가 원하는 블록들을 차례로 연결하면 그에 따라 프로그램이 실행되지요. 몇 번의 마우스 드래그로 프로그램 하나를 쉽게 만들 수 있는 것이죠. 엔트리에 있는 명령들은 간단해 보일 수 있지만, 이 명령어들을 어떻게 조합하는가에 따라 무궁무진한 컴퓨터 프로그램을 만들 수도 있어요.

그리고 여러분이 만든 프로그램이 우리 생활에 도움을 주거나 엄청난 변화를 만들어 낼 수도 있답니다. 지금은 전 세계적으로 널리 사용되고 있는 페이스북도 사실 미국의 한 대학교 기숙사에서 사용하기 위한 프로그램으로 만들어졌으니까요.

여러분도 페이스북을 만든 마크 저커버그나 애플의 창업자 스티브 잡스가 될 수 있는 충분한 잠재력을 가지고 있으니까요.

이 책의 주요 내용

　박물관에서 뜻밖의 위험에 빠졌던 타미, 정이, 준이는 점점 힘이 강해지는 코드블랙의 음흉한 계획을 막기 위해 탐정사무소로 모이게 되지요. 현재까지의 유일한 단서는 코드블랙의 마지막 위치뿐이고요.

　결국 사라진 코드블랙을 찾기 위해, 아이들과 엔트리 탐정은 마지막으로 코드블랙이 탐지된 장소로 떠나게 되는데 그곳에서 어떤 일들을 겪게 될까요?

　모든 걸 계획했던 코드블랙은 함정에 빠진 아이들에게 자신을 찾으려면 모든 구역을 헤쳐 나와야 한다는 조건을 걸게 되지요. 그러나 미션을 해결하기 위해 아이들에게 주어진 시간은 단 1시간!

　우여곡절 끝에 아이들을 걱정해 찾아온 정이의 아빠인 김 박사까지 코드블랙의 아지트에 모이게 되고요. 아이들과 엔트리 탐정, 그리고 김 박사는 두 팀으로 나눠 코드블랙을 찾게 됩니다.

　코드블랙은 왜 우리가 가는 곳마다 나타나는 것일까요? 코딩 탐정단은 코드블랙을 찾아낼 수 있을까요? 코드블랙이 무슨 일을 꾸미고 있는지 밝혀낼 수 있을까요?

　그럼 지금부터 여러분을 코딩 탐정단의 세 번째 이야기 대탈출편의 세계로 초대합니다.

목차

❶ 코드블랙의 아지트　　　　　　　　　　　　　　　9

❷ 최적의 경로 찾기　　　　　　　　　　　　　　　22

❸ 준이를 구하라　　　　　　　　　　　　　　　　36

❹ 위험한 다리　　　　　　　　　　　　　　　　　56

❺ 갇혀버린 친구들　　　　　　　　　　　　　　　72

❻ 데이터를 찾아라　　　　　　　　　　　　　　　88

❼ 최후의 대결　　　　　　　　　　　　　　　　　105

코딩워크북

I. 도전 미션　　　　　　　　　　　　　127

1. 업&다운 프로그램 만들기　　　　　　128

2. 트러스 구조 다리 디자인　　　　　　　133

3. 번역 프로그램 만들기　　　　　　　　140

4. 데이터 수집기 만들기　　　　　　　　146

5. 최후의 대결 게임　　　　　　　　　　152

도전미션 05

최후의 대결 게임을 코딩하기 위해서는 마이크로비트 단품이 필요합니다.
디바이스 마트(https://www.devicemart.co.kr) 사이트나 네이버 쇼핑에서 마이크로비트를 검색하여 단품만 구매하면 됩니다.
하지만 마이크로비트 없이도 코딩할 수 있도록 156쪽에 해결방법을 소개하였습니다.

등장인물

타미
호기심 많은 6학년 소년. 덜렁대는 성격이지만 용감하고 모든 일에 열정적이다. 로봇연구소 화재사건을 경험한 후 무슨 일이든 해결할 수 있을 것 같은 자신감에 가득 차 있다.

정이
로봇연구원인 아빠의 영향으로 로봇이나 인공지능 분야에 관심이 많다. 코드블랙의 위협을 받고 있지만, 그 사실을 알지 못한다.

준이
맛있는 음식을 사랑하는 평범한 소년. 뭔가를 먹고 있는 순간에 특별한 능력이 솟아난다.

김 박사
정이의 아빠. 로봇연구소에서 연구책임자로 일한다. 연구소에 화재가 발생하고 핵심 부품이 사라지는 사건이 잇달아 발생하여 곤경에 처한다.

코드블랙
한때 촉망받던 로봇연구원이었지만 세상을 지배하려는 야욕으로 로봇연구소의 핵심 기술을 훔친다. 인공지능 로봇을 완성하기 위해 수단과 방법을 가리지 않는다.

엔트리 탐정
코딩으로 사건을 해결하는 스마트 탐정. 타미와 친구들의 코딩 스승이다. 코드블랙의 행방을 쫓고 있다.

AID
탐정스쿨의 인공지능 탐정 로봇. Artificial Intelligence Detective(AID)의 약자로 타미와 정이, 준이가 코딩 미션을 해결하는 데 도움을 준다.

티니
정이의 인공지능 손목밴드. 헬스케어, 음성인식, 위치정보, 운동기능 등 다양한 기능이 있다.

코드블랙의 아지트

정이가 위험할 뻔했어! 우리같이 선량한 어린이를 괴롭히다니. 참을 수 없어.

누구냐 넌!

뭐, 뭐야? 왜 이래

박물관에서 엉엉 울던 내 친구 준이는 어딨냐! 준이를 내놔!

다물라!! 그 입 다물라!

최적의 경로 찾기

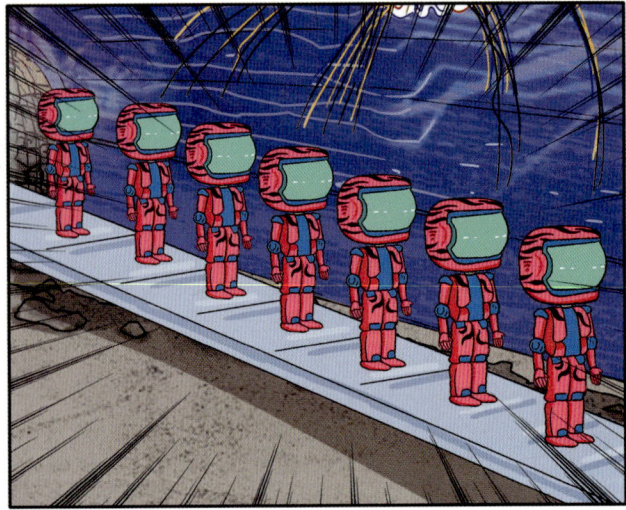

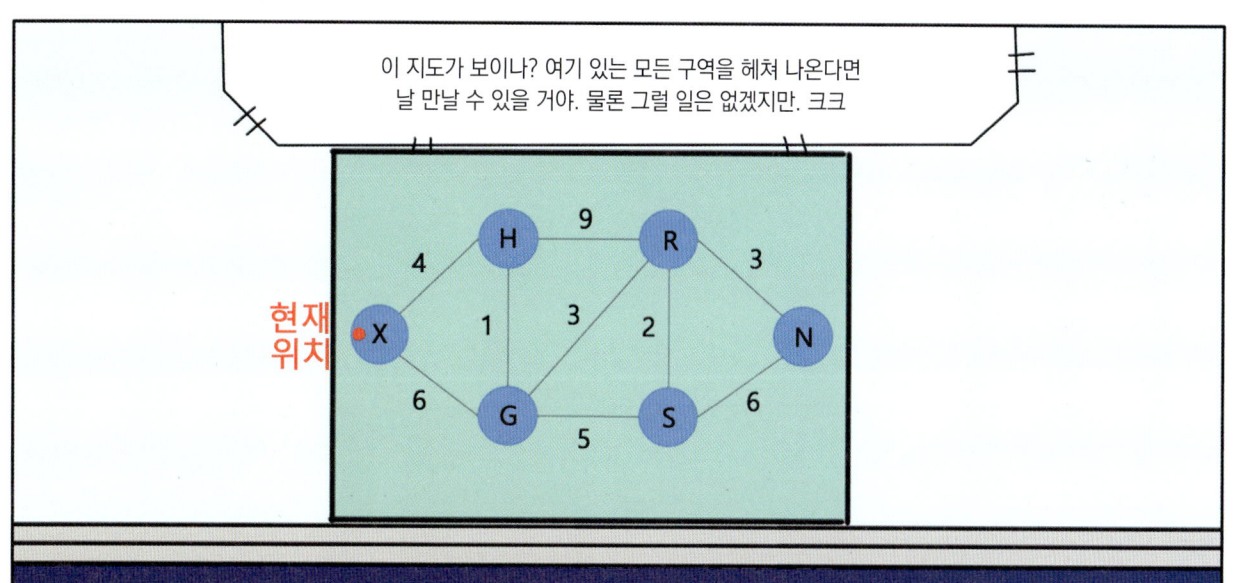

최소 신장 트리

 최소 신장 트리를 좀 더 자세히 알고 싶어요.

최소 신장 트리를 이야기하기 전에 먼저 그래프에 대해 알아야 해.

 그래프는 수학시간에 이미 배웠는걸요.

정이가 말하는 통계그래프와는 조금 달라. 여기서 말하는 그래프는 정점과 정점을 간선으로 연결한 자료구조를 의미한단다. 그림을 함께 볼까?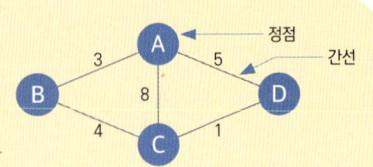

 코드블랙이 보여준 지도랑 비슷하게 생겼어요.

아하! 그럼 코드블랙이 제시한 지도도 결국 그래프였던 거네요?

 선 위에 적힌 숫자는 뭘 의미하는 거예요?

가중치라는 거야. 정점 간의 이동에 걸리는 시간이나 거리와 같은 비용을 뜻해. 예를 들면 정점A에서 정점B로 이동하는데 3분, 정점B에서 정점C로 이동하는데 4분이 걸린다는 의미지.

그렇구나. 그런데 그래프와 최소 신장 트리와는 어떤 관계가 있는 거죠?

최소 신장 트리는 모든 정점이 연결되어 있으면서 가중치의 합이 최소인 그래프라고 생각하면 돼. 그리고 크루스칼(Kruskal) 알고리즘을 사용하면 최소 신장 트리를 만들 수 있어.

크루스칼(Kruskal) 알고리즘으로 최소 신장 트리 만들기

1. 가장 비용이 적은 간선부터 순서대로 파악한다.
2. 가장 적은 비용이 드는 간선부터 차례로 추가한다.
3. 정점을 순환하게 만드는 간선은 제외한다.
4. 모든 정점을 연결할 때까지 2~3번 과정을 반복한다.

① 가장 비용이 적은 간선부터 연결한다.
 - 정점H와 정점G가 연결된다.

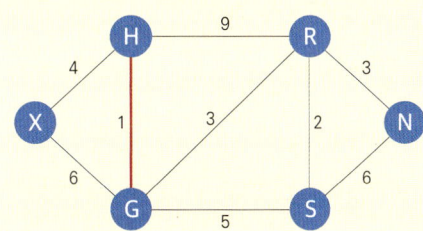

② 두 번째로 비용이 적은 간선을 연결한다.
 - 정점R과 정점S가 연결된다.

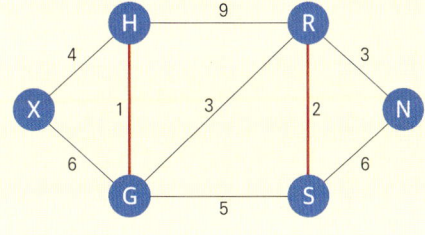

③ 세 번째로 비용이 적은 간선을 연결한다.
 - 정점G와 정점R, 정점R과 정점N이 연결된다.

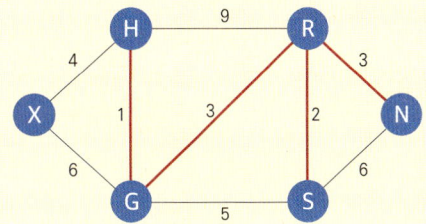

④ 네 번째로 비용이 적은 간선을 연결한다.
 - 정점 X와 정점H가 연결된다.
 - 모든 정점이 연결되었다.

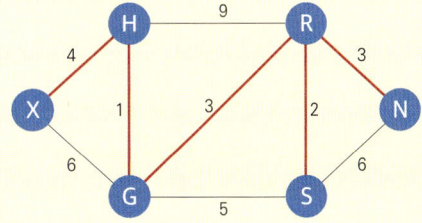

⑤ 연결된 간선만 표시하여 최소 신장 트리를 완성한다.

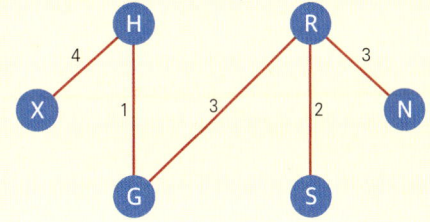

이렇게 하면 모든 정점을 최소 시간으로 연결하는 경로가 완성돼.

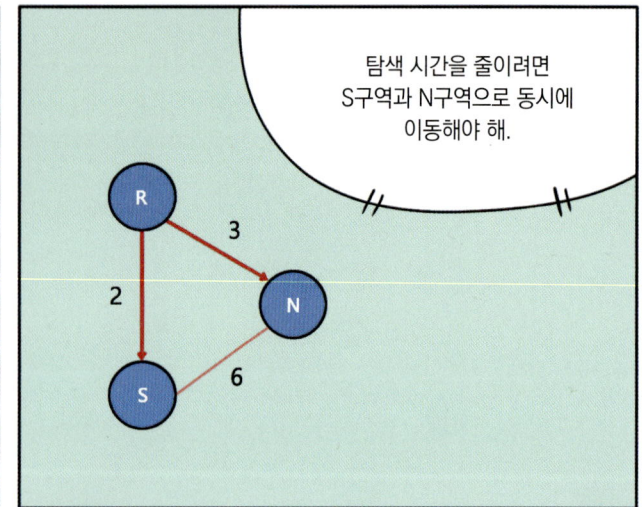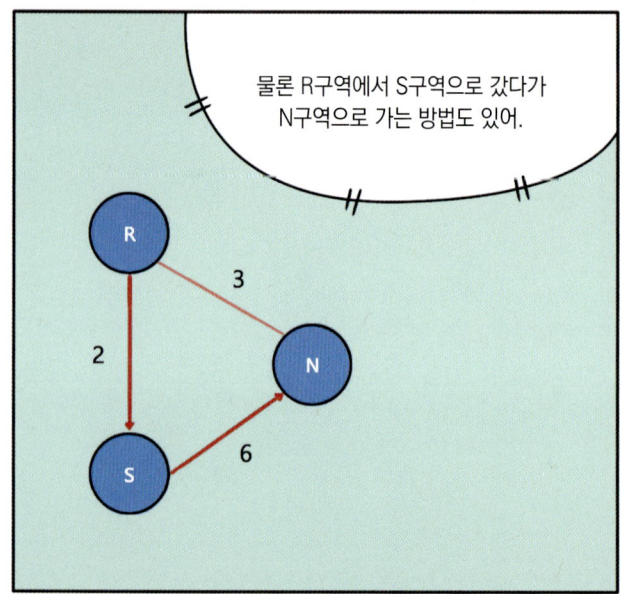

준이를 구하라

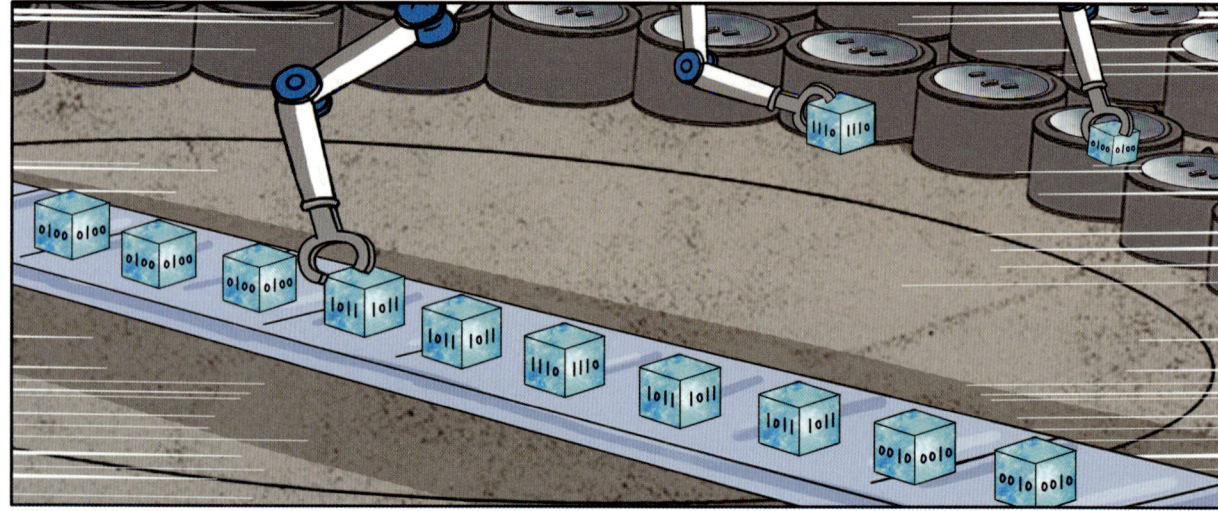

*SSD(Soild State Drive): 하드디스크를 대체할 수 있는 고속의 보조기억장치. 작고 가벼우며 외부 충격에 강하다는 장점이 있다.

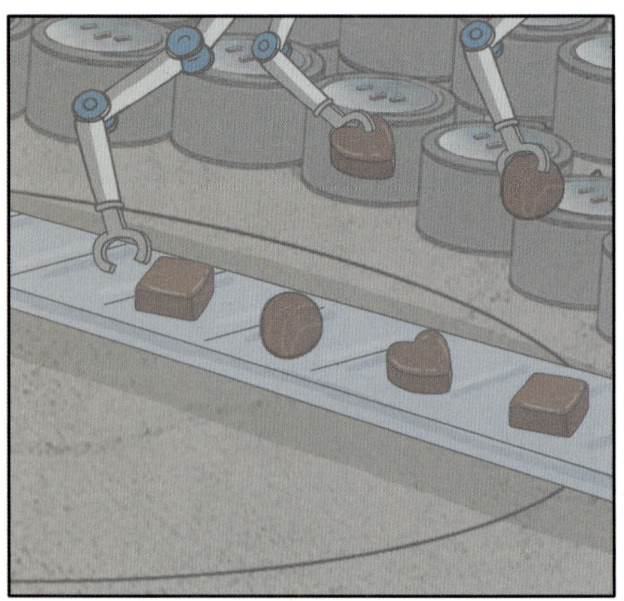

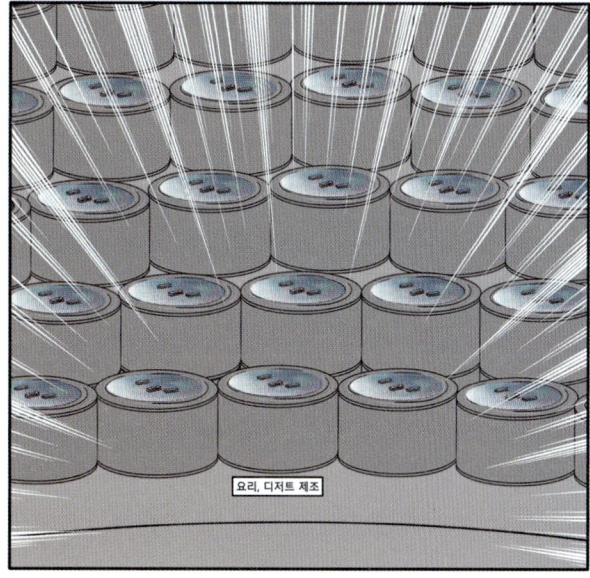

업&다운 프로그램 만들기

엔트리 코드를 불러왔습니다.

기회가 6번뿐이라니. 그 안에 찾을 수 있을까요?

주어진 숫자가 1부터 50이라고 했을 때, 6번 만에 충분히 숫자를 찾을 수 있어.

정말요? 어떻게 찾을 수 있다는 거죠?

숫자를 계속 반씩 나누어가며 답을 찾는 거야.
① 먼저 1부터 50 사이의 중간값인 25를 임의로 선택한다.
② 정답이 25보다 큰 수인지, 작은 수인지 파악한다.
③ 만약 정답이 25보다 작다면 다음 기회에서는 1부터 25 사이의 가운데 수인 12 또는 13을 선택한다.
④ 정답이 13보다 큰 수인지 작은 수인지 파악한다.
⑤ 만약 정답이 13보다 작다면 다음 기회에서는 1부터 12 사이의 가운데 수인 6을 선택한다.
⑥ 동일한 방법을 반복하여 정답을 찾는다.

아하! 이렇게 정리하면 좀 더 이해하기 쉬울 것 같아요.

● 횟수: 1회, 대답 25

숫자범위	1	…	25	…	50
입력한 숫자			✓		
업/다운	←─── 다운				

● 횟수: 2회, 대답 13

숫자범위	1	…	13	…	25
입력한 숫자			✓		
업/다운	←─── 다운				

● 횟수: 3회, 대답 7

숫자범위	1	…	7	…	13
입력한 숫자			✓		
업/다운	←─── 다운				

● 횟수: 4회, 대답 4

숫자범위	1	…	4	…	7
입력한 숫자			✓		
업/다운			업 ───→		

● 횟수: 5회, 대답 5

숫자범위	4	…	5	…	7
입력한 숫자			✓		
업/다운			업 ───→		

● 횟수: 6회, 대답 6 (정답 확인)

숫자범위	5	…	6	…	7
입력한 숫자			✓		
업/다운			정답		

잘 이해했구나. 이제 코드를 작성해보자.

먼저 주어진 범위의 중간값을 입력해서 입력한 값이 정답보다 큰지, 작은지를 알아내야 해요.

맞아! 그렇게 하면 6번 만에 알아낼 수 있지!

이 방법으로 코딩해볼게요.

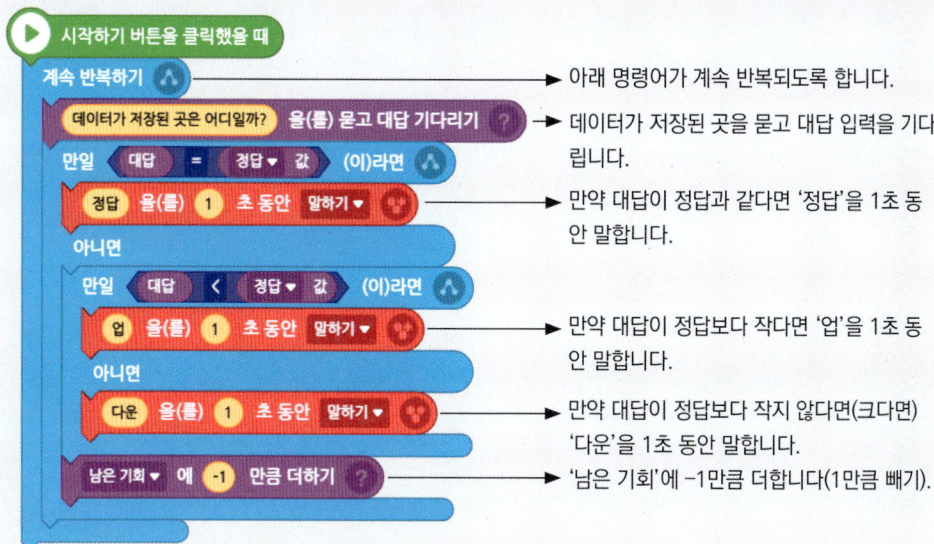

→ 아래 명령어가 계속 반복되도록 합니다.

→ 데이터가 저장된 곳을 묻고 대답 입력을 기다립니다.

→ 만약 대답이 정답과 같다면 '정답'을 1초 동안 말합니다.

→ 만약 대답이 정답보다 작다면 '업'을 1초 동안 말합니다.

→ 만약 대답이 정답보다 작지 않다면(크다면) '다운'을 1초 동안 말합니다.

→ '남은 기회'에 -1만큼 더합니다(1만큼 빼기).

완성했다! AID, 이제 프로그램을 실행시켜줘. 내가 6번 만에 암호를 맞혀볼게.

프로그램을 실행하겠습니다.

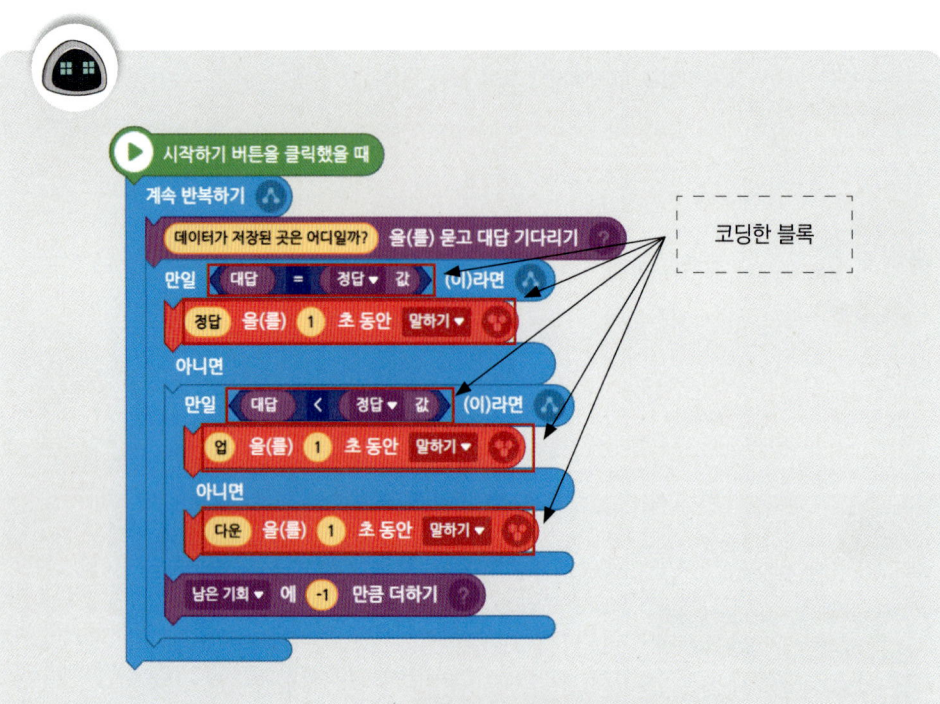

완성 작품 (QR코드)

완성 작품 (웹주소)

http://m.site.naver.com/0KwLy

엔트리 코딩 학습(미션) 안내 : 128페이지를 확인하세요.

위험한 다리

3D 프린팅의 세계

3D 프린팅이라는 말은 들어봤지?

평면이 아닌 입체 모형을 출력하는 거죠?

우리 학교에도 3D 프린터가 있어요. 직접 디자인한 걸 출력도 해본걸요.

그래. 최근엔 학교나 가정에도 3D 프린터가 있을 정도로 대중화되었지. 그런데 출력 속도가 느려 답답하지 않았니?

제가 디자인한 작품도 며칠 뒤에나 찾았어요.

3D 프린팅의 방식에도 여러 가지가 있단다. 이제부터 설명해줄게. AID!

일반적으로 3D 프린팅은 모델링(modeling)-프린팅(printing)-후처리(post-processing)의 3단계로 이루어집니다.

'모델링'은 3차원 데이터를 만드는 과정으로 3D 모델링 소프트웨어 또는 3D 스캐너를 사용합니다. 3D 모델링을 위한 소프트웨어로는 CAD나 123D design 등이 있으며, 팅커캐드(https://www.tinkercad.com)를 사용하면 누구나 손쉽게 입체 도면을 만들 수 있습니다.

'프린팅'은 모델링을 통해 만든 입체 도면을 실제 물체로 만드는 과정입니다. 일반적으로 FDM(Fused Deposition Modeling)이라는 방식을 많이 사용하는데, 이는 플라스틱을 녹인 후 모양을 만들면서 한 층씩 쌓아올리는 방법입니다. 프린터 장비뿐만 아니라 재료(플라스틱)의 가격이 상대적으로 저렴하다는 장점이 있지만 출력시간이 오래 걸리고, 출력된 모형에 겹겹으로 쌓인 층이 두드러진다는 단점도 있습니다. 반면 SLS(Selective Laser Sintering) 방식은 가루 형태의 원료에 원하는 부분에만 레이저를 쏘아 원료를 굳힘으로써 모형을 완성하는 방법입니다. 플라스틱 외에도 다양한 소재를 원료로 사용할 수 있으며, 출력 시간이 빠르고 출력물의 완성도가 높다는 장점이 있습니다.

'후처리'는 마무리 공정으로 필요에 따라서 출력 결과물을 사포로 연마하여 표면을 부드럽게 하거나 색을 칠하는 과정입니다. 부분적으로 출력한 결과물들을 조립하기도 하며, 후처리 과정을 통해 출력물의 완성도를 높이게 됩니다.

 # 트러스 구조 다리 디자인

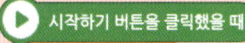

3D 모델링을 위한 엔트리 예제 코드입니다.

다리를 어떤 모양으로 만들어야 할지 모르겠어요.

일반적으로 다리를 만들 때 트러스 구조를 활용하고 있어.

트러스 구조요?

트러스 구조란 철재나 목재를 삼각형 그물 모양으로 짜서 하중을 지탱하고 변형을 막을 수 있는 구조를 말한단다.

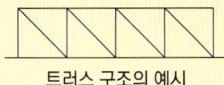

트러스 구조의 예시

그럼 저희도 트러스 구조로 모델링을 하면 되겠어요.

트러스 구조에서 같은 모양이 반복해서 나타나고 있어. 이걸 활용하면 코딩이 쉬울 것아.

 맞습니다. 이 구조를 4번 반복하면 다리를 완성할 수 있습니다.

| + ◣ + ◣ + ◣ + ◣ + __
1번 2번 3번 4번

한 변의 길이는 100 정도가 적당할 것 같아.

① 다리 그리기를 시작하기 위해 넣어줍니다.
② 다리색은 남아있는 다리와 같은 갈색으로 정합니다.
③ 다리의 굵기는 10으로 정합니다.
④ 구조를 4번 반복해서 그리도록 해줍니다.
⑤ x,y 좌표를 활용해 ◣ 구조를 그리도록 합니다.

※ x좌표는 가로의 위치, y좌표는 세로의 위치를 의미합니다.

코드가 거의 완성된 것 같으니 확인해볼까?

프로그램을 실행합니다.

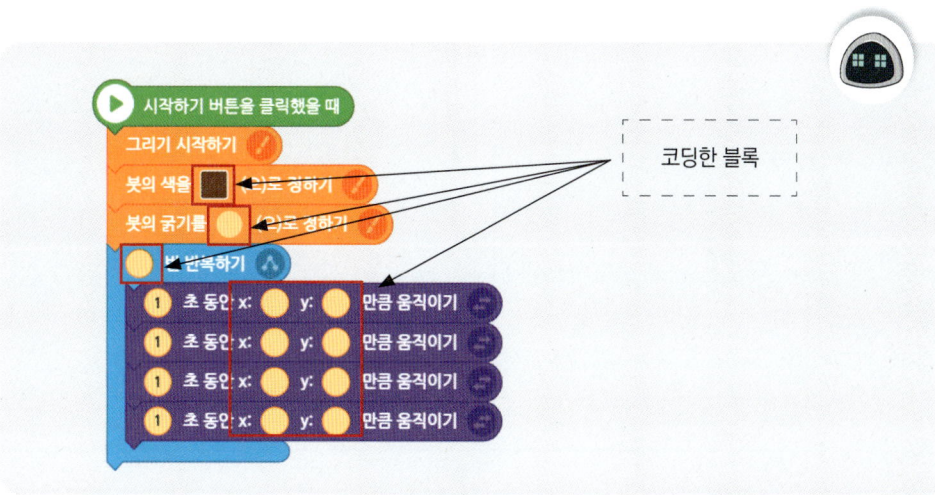

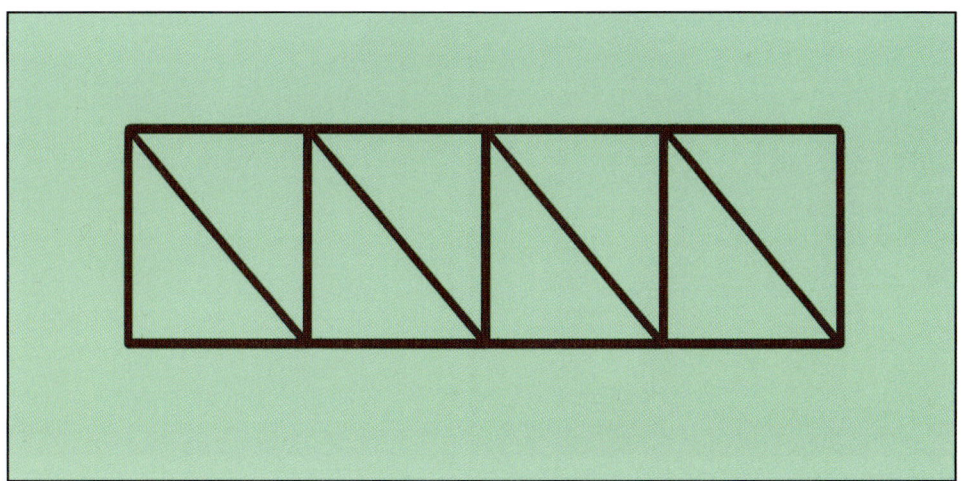

완성 작품 (QR코드)

완성 작품 (웹주소)

http://m.site.naver.com/0KwLE

엔트리 코딩 학습(미션) 안내 : 133페이지를 확인하세요.

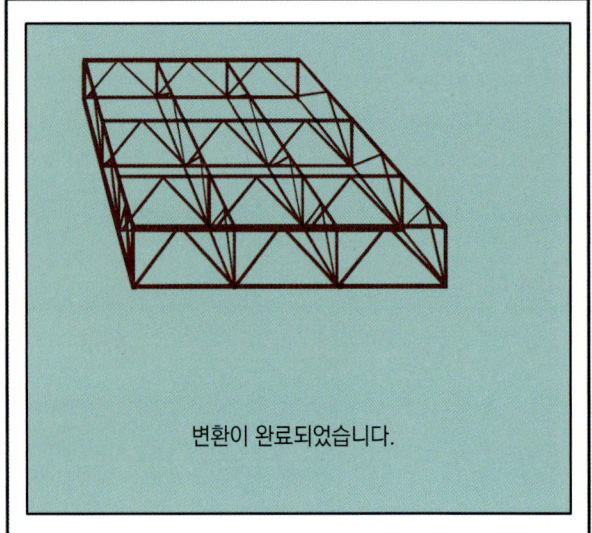

갇혀버린 친구들

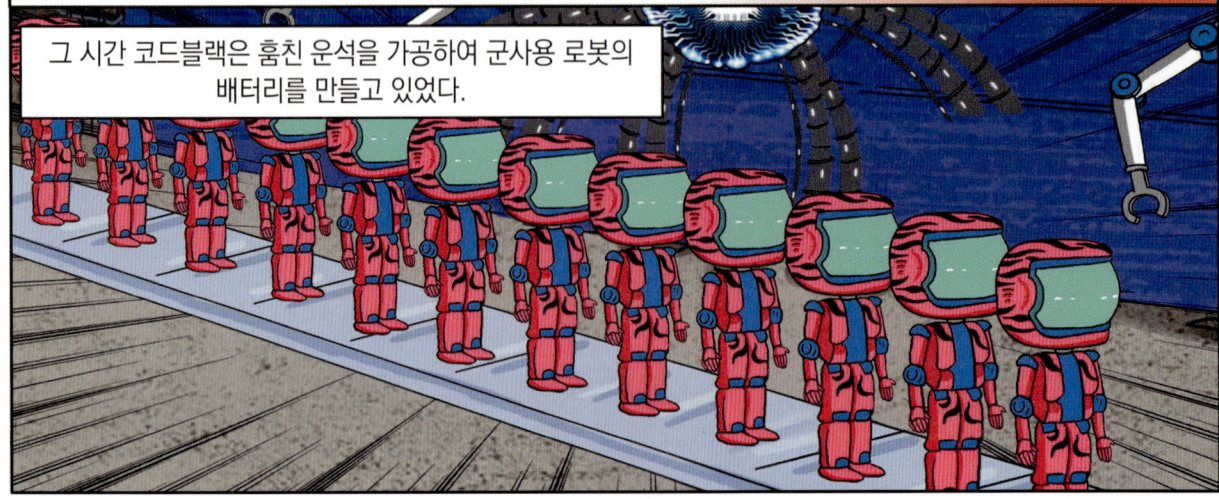

그 시간 코드블랙은 훔친 운석을 가공하여 군사용 로봇의 배터리를 만들고 있었다.

하늘도 나를 돕는군. 이렇게 훌륭한 에너지를 내려주다니. 흐흐

자체 전력 공급이 가능한 로봇도 완성됐고,

꼬맹이들도 내 뜻대로 움직이고 있고. 으하하하.

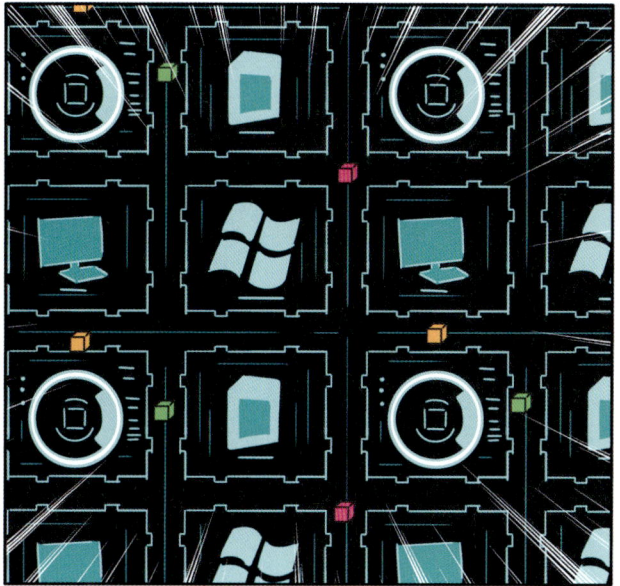

번역 프로그램 만들기

 코딩 전에 번역이 필요한 데이터는 리스트에 미리 저장해 두었단다.

네! 근데 리스트가 뭐예요?

 리스트는 변수와 마찬가지로 자료의 값을 저장하는 곳이야. 하나의 변수는 하나의 자료 값을 저장하지만 리스트는 여러 개의 자료 값을 저장할 수 있지!

변수는 하나의 자료 값만을 저장함

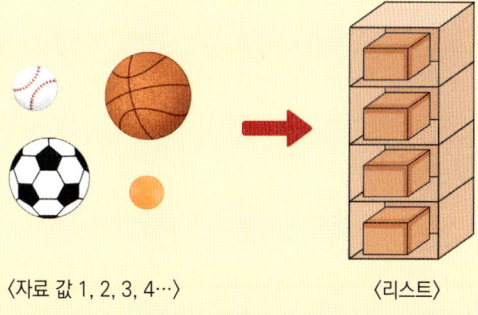

〈자료 값 1, 2, 3, 4…〉　　〈리스트〉

리스트는 여러 개의 자료 값을 항목별로 저장함

그럼 항목에 맞게 자료 값을 저장하거나 불러오면 되겠네요?

이제 번역기 버튼에 따라 언어를 선택해서 번역할 수 있도록 해보자.

제가 본 두 번째 언어는 영어였던 것 같은데, 스페인어 같기도 하고… 정확하지 않아요.

걱정할 필요 없어. 리스트에 저장된 항목을 그대로 가져와서 번역하면 되니까.

우와! 기억나지 않더라도 리스트에 저장만 되어 있다면 모두 다 번역할 수 있겠어요.

맞아. 그리고 저장된 값이 어떤 나라의 언어인지 모르더라도 모든 항목을 번역한다면 한 가지 항목은 올바르게 번역될 거야.

이제 만든 블록을 확인해 볼까요?

① 오브젝트를 클릭하면 코딩된 블록을 실행합니다.
② 영어 (단기기억의 1번째 항목)를 한국어로 번역한 뒤 2초 동안 말합니다.
③ 영어 (단기기억의 2번째 항목)를 한국어로 번역한 뒤 2초 동안 말합니다.
④ 영어 (단기기억의 3번째 항목)를 한국어로 번역한 뒤 2초 동안 말합니다.

위의 코드를 버튼1, 버튼2, 버튼3 오브젝트에 만들고 영어를 다른 나라 언어로 선택하면 나머지 언어들도 번역할 수 있겠어!

엇? 문이 열렸어!

완성 작품 (QR코드)

완성 작품 (웹주소)

http://m.site.naver.com/0KwLK

엔트리 코딩 학습(미션) 안내 : 140페이지를 확인하세요.

데이터를 찾아라

데이터 수집기 만들기

데이터 흐름을 늦추는 데이터 수집기를 만들어 보겠습니다.

우리가 조작하는 대로 이동할 수 있어야 해.

왼쪽 화살표 키를 누르면 이동 방향으로 -10만큼 움직이게 할까?

그럼 오른쪽 화살표 키를 누르면 이동방향으로 10만큼 움직이게 해야겠네.

그럼 이렇게 만들면 되겠어.

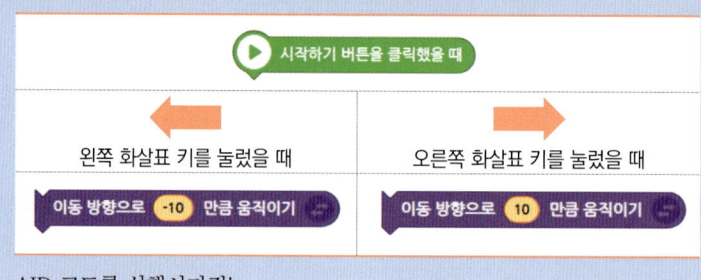

AID 코드를 실행시켜줘!

코드를 실행합니다.

 앗! 너무 빨라서 조종이 힘들어. 순식간에 공간 밖으로 사라져 버렸어.

 코드를 실행합니다.

우와 성공이다! 이제 스페이스바를 누르면 집게가 내려가도록 해보자.

 스페이스바를 누르면 y 좌표를 줄였다가 잠시 기다린 뒤 y 좌표로 다시 돌아오게 하자.

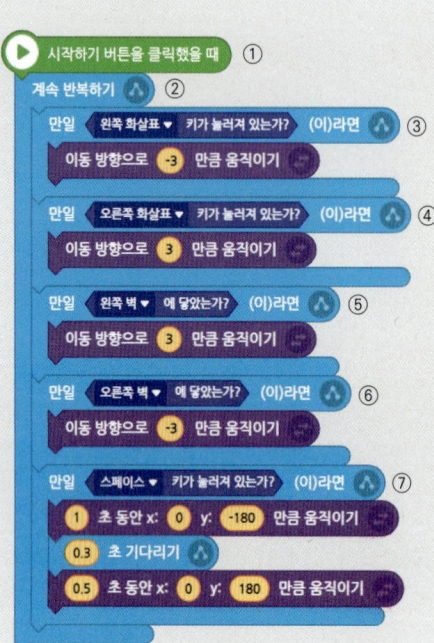

① 시작하기 버튼을 클릭했을 때 코드를 실행합니다.
② 아래 코드를 계속 반복합니다.
③ 왼쪽 화살표 키가 눌리면 이동방향으로 -3만큼 움직입니다.
④ 오른쪽 화살표 키가 눌리면 이동방향으로 3만큼 움직입니다.
⑤ 왼쪽 벽에 닿았다면 이동방향으로 3만큼 움직입니다.
⑥ 오른쪽 벽에 닿았다면 이동방향으로 -3만큼 움직입니다.
⑦ 스페이스바가 눌리면 1초 동안 x:0 y:-180만큼 움직입니다. 0.3초를 기다립니다. 0.5초 동안 x:0 y:180만큼 움직입니다.

이제 데이터를 훔쳐볼까?

완성 작품 (QR코드)

완성 작품 (웹주소)

http://m.site.naver.com/0KwLO

엔트리 코딩 학습(미션) 안내 : 146페이지를 확인하세요.

최후의 대결

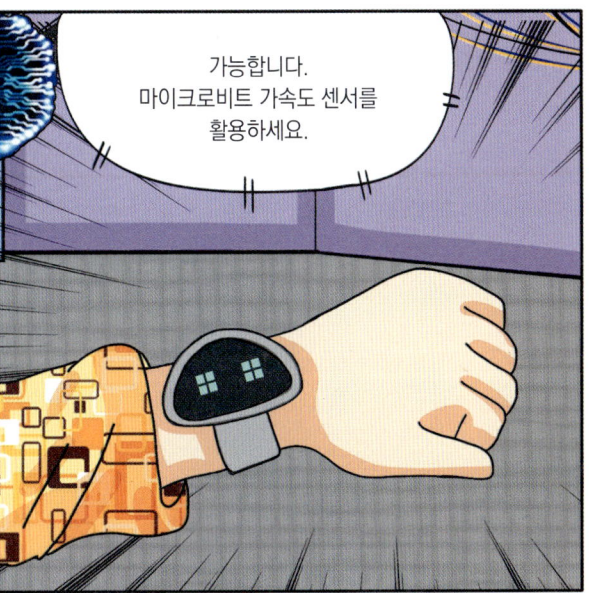

최후의 대결 게임

 코드블랙, 이 순간만을 기다렸다.

복수의 시간이야!

 신소재 배터리를 이용해 과전압을 발생시키기 위해서는 마이크로비트의 가속도 센서를 활용해야 합니다.

가속도 센서란?
물체의 움직임이나 기울기 변화, 충격 등을 감지할 수 있는 센서로 마이크로비트와 엔트리를 연결할 경우 x, y, z축의 값과 가속도 센서의 크기를 측정할 수 있습니다.

과전압을 발생시키기 위한 조건은 다음과 같아.
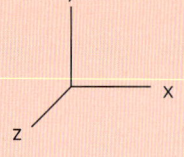

 만일 가속도 센서 크기의 값이 2500 이상이면 전기 에너지 오브젝트를 날리자구!

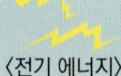
〈전기 에너지〉

그럼 조건 구조를 사용해서 만들어볼까?

음. 가속도 센서 크기의 값이 2500 이상이라면 전기 에너지를 만들어 날려 보내자. 그런 다음 전압을 12V씩 올리는 거야!

좋아. 이 정도는 식은 죽 먹기지!

```
만일 < 가속도 센서 크기▼ 의 값 ≥ 2500 > (이)라면
    모양 보이기
    1 초 동안 x: 330 y: 0 만큼 움직이기
    전압(V)▼ 에 12 만큼 더하기
아니면
    모양 숨기기
```

앗! 타미야, 날아간 전기 에너지 오브젝트가 돌아오지 않아. X: -130, Y: -75 위치로 이동하기 블록을 추가했어.

```
만일 < 가속도 센서 크기▼ 의 값 ≥ 2500 > (이)라면
    모양 보이기
    1 초 동안 x: 330 y: 0 만큼 움직이기
    전압(V)▼ 에 12 만큼 더하기
    x: -130 y: -75 위치로 이동하기
아니면
    모양 숨기기
```

전기 에너지를 보내지 않으면 코드블랙이 방전을 실행합니다. 전압이 10V씩 떨어집니다.

그래도 포기할 수 없지!

115

이제 본격적으로 싸워볼까?

① 시작하기 버튼을 클릭했을 때 코드를 실행합니다.
② 아래 코드를 계속 반복합니다.
③ 만일 가속도 센서 크기의 값이 2500 이상이라면 오브젝트를 보이고 1초 동안 x:330 y:0 만큼 움직이게 합니다. 전압(V) 변수에 12만큼 더하고 x:-130 y:-75 위치로 이동합니다.
④ 아니면 오브젝트를 숨깁니다.

덤벼라, 코드블랙!

완성 작품 (QR코드)

완성 작품 (웹주소)

http://m.site.naver.com/0KwM0

엔트리 코딩 학습(미션) 안내 : 152페이지를 확인하세요.

안 돼애애~!

이럴 순 없어. 몇 년을 준비한 일인데!

코드블랙. 모든 게 끝났다. 자네가 꿈꾸던 세상은 무너졌어.

코딩워크북

Ⅰ. 도전 미션

코딩워크북

> **도전미션_01**
>
> ### 업&다운 프로그램 만들기
> 1~50까지 숫자 중에 숨겨진 암호를 6번 만에 찾아야 합니다. 업&다운 프로그램을 코딩하여 암호를 찾아봅시다.

1 미션 이해하기

장면1에서는 업&다운 프로그램을 만듭니다. 만약 6번 만에 암호를 찾는다면 성공 장면으로 넘어가고 실패한다면 실패 장면으로 넘어갑니다.

업&다운 프로그램을 만듭니다.

6번 만에 암호를 찾으면 '성공' 장면으로 넘어갑니다.

6번 만에 암호를 찾는 데 실패한다면 '실패' 장면으로 넘어갑니다.

2 코딩 계획 세우기

업&다운 프로그램 알고리즘을 확인해보세요.

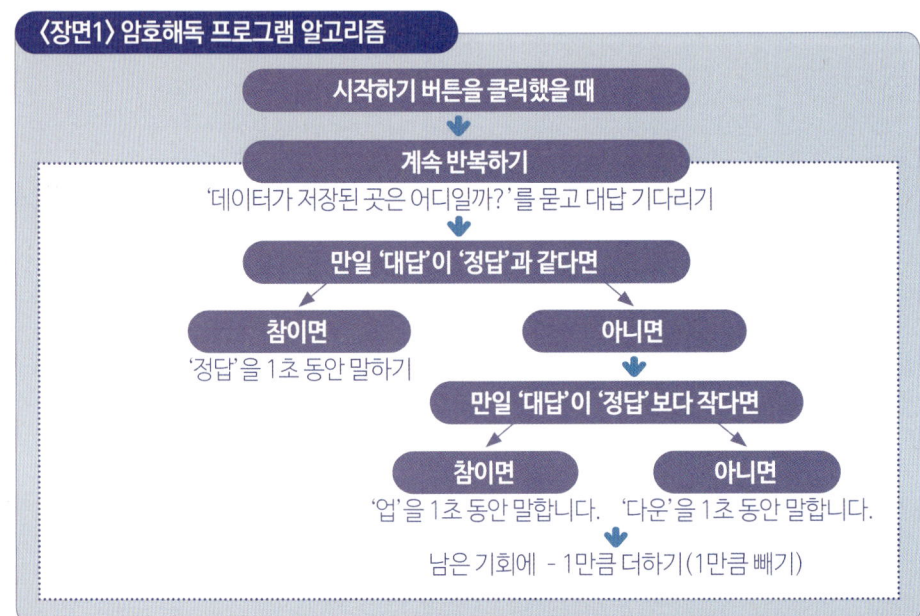

③ 코딩하기

① 예제 파일 확인하기

방법 01
스터디 공유하기에서 '업다운 프로그램 만들기'로 검색하세요.

방법 02
익스플로러 또는 크롬의 주소창에 아래 주소를 입력하세요.

http://m.site.naver.com/0KwM6

방법 03
스마트 기기에서 QR코드로 접속하세요.

② 코드 만들기

장면1에서 6번 만에 암호를 찾을 수 있는 업&다운 코드를 만들어보세요.

구분	오브젝트	작성코드
장면1	블랙아이	6번 만에 숨겨진 암호를 찾을 수 있는 코드를 만들어야 합니다. 기본으로 제시하는 코드는 다음과 같습니다. 빈칸을 채워서 코드를 완성해보세요. 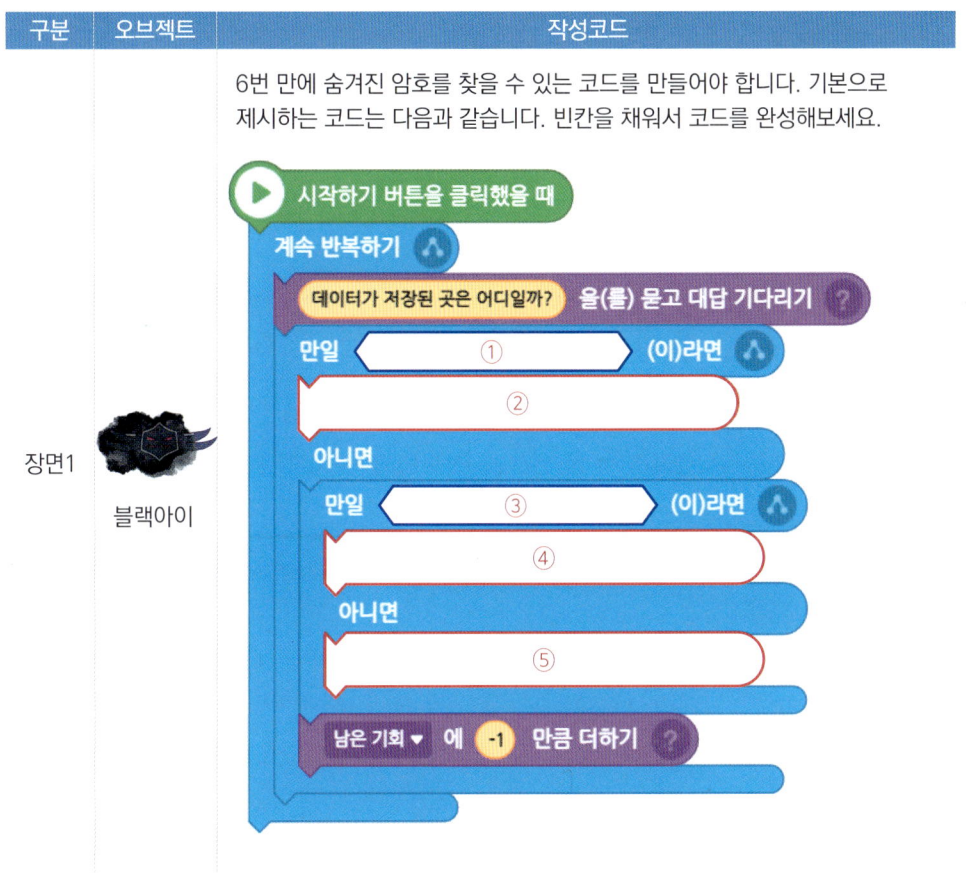

구분	오브젝트	작성코드
장면1	블랙아이	만드는 순서는 다음과 같습니다. ① 대답으로 입력한 숫자가 정답과 같다면 정답을 말할 수 있도록 조건을 빈칸① 에 넣어야 합니다. ② 빈칸① 필요한 블록은 ?(자료) 과 ∨(판단) 블록 꾸러미에서 찾을 수 있습니다. ③ 블록의 등호부분을 좌클릭하여 '='를 선택합니다. = != > < ≥ 다음으로 '대답'과 '정답' 값을 빈칸에 넣어주면 완성입니다. 대답 = 정답▼ 값 ④ 빈칸② 에는 대답과 정답이 같은 경우에 '정답'을 1초 동안 말할 수 있도록 블록을 넣어줍니다. 필요한 블록은 (생김새) 블록 꾸러미에서 찾을 수 있습니다. ⑤ 을(를) 1 초 동안 말하기▼ 의 빈칸에 '정답'을 입력합니다. ⑥ 대답보다 정답이 크면 '업'을 1초 동안 말할 수 있도록 조건을 빈칸③ 에 입력합니다. 방법은 빈칸① 의 조건에서 부등호만 바꿔주면 됩니다. ⑦ 빈칸④ 에는 조건을 만족한 경우 '업'을 1초 동안 말할 수 있도록 을(를) 1 초 동안 말하기▼ 블록을 활용해 넣어줍니다. ⑧ 빈칸⑤ 에는 조건을 만족하지 못한 경우 '다운'을 1초 동안 말할 수 있도록 을(를) 1 초 동안 말하기▼ 블록을 활용해 넣어줍니다.

④ 실행 및 디버깅하기

완성한 코드로 엔트리에서 실행되는 모습은 다음과 같습니다. 대답에 다양한 숫자를 입력하여 숨겨진 암호를 찾아보세요.

프로그램 실행 장면 – 대답 입력창

대답 횟수		입력한 숫자		업/다운	프로그램 실행결과
1	→	25	→	다운	
2	→	13	→	다운	
3	→	7	→	다운	
4	→	4	→	업	
5	→	5	→	업	
6	→	6	→	정답	

이럴 땐 이렇게!

Q 만약 빈칸 ③ '대답보다 정답이 크다면' 대신 '대답보다 정답이 작다면'으로 해도 되나요?

A 다운 을(를) 1 초 동안 말하기 와 업 을(를) 1 초 동안 말하기 의 위치만 바꿔주면 됩니다. 코드는 다음과 같습니다.

Q 남은 기회 ▼ 에 -1 만큼 더하기 의 역할이 궁금해요!

A 입력한 대답이 정답과 같지 않다면 남은 기회를 1만큼 깎습니다.

Q 정답의 범위가 더 커지면 6번 만에 성공할 수 있나요?

A 성공할 수 없습니다. 더 많은 기회가 필요합니다. 이해를 돕기 위해 표를 제시합니다.

	정답범위	필요한 기회
①	1~25	5
②	1~50	6
③	1~100	7
④	1~200	8
⑤	1~400	9

범위가 2배가 될 때마다 필요한 기회는 1씩 증가합니다.

도전미션_02

트러스 구조 다리 디자인

끊어진 다리 부분을 새로 디자인하여 아이들이 건너갈 수 있는 튼튼한 다리를 만들어야 합니다. 그리기 기능과 좌표를 이용하여 튼튼한 다리를 만들어봅시다.

1 미션 이해하기

'처음 다리 모습'에서는 끊어진 다리 부분을 새로 디자인하여 아이들이 건널 수 있는 튼튼한 다리를 만들어야 합니다. 만약 다리 연결에 성공한다면 '완성된 다리 모습'으로 넘어갑니다.

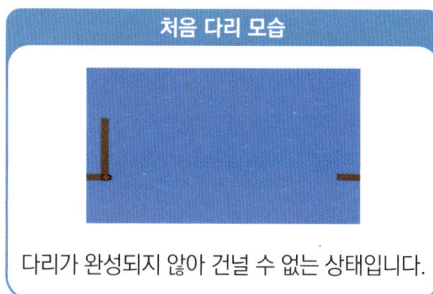

처음 다리 모습

다리가 완성되지 않아 건널 수 없는 상태입니다.

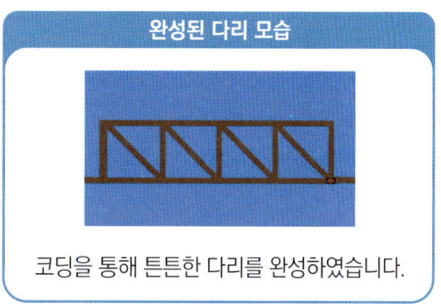

완성된 다리 모습

코딩을 통해 튼튼한 다리를 완성하였습니다.

2 코딩 계획 세우기

끊어진 다리를 연결할 수 있는 알고리즘을 확인해보세요.

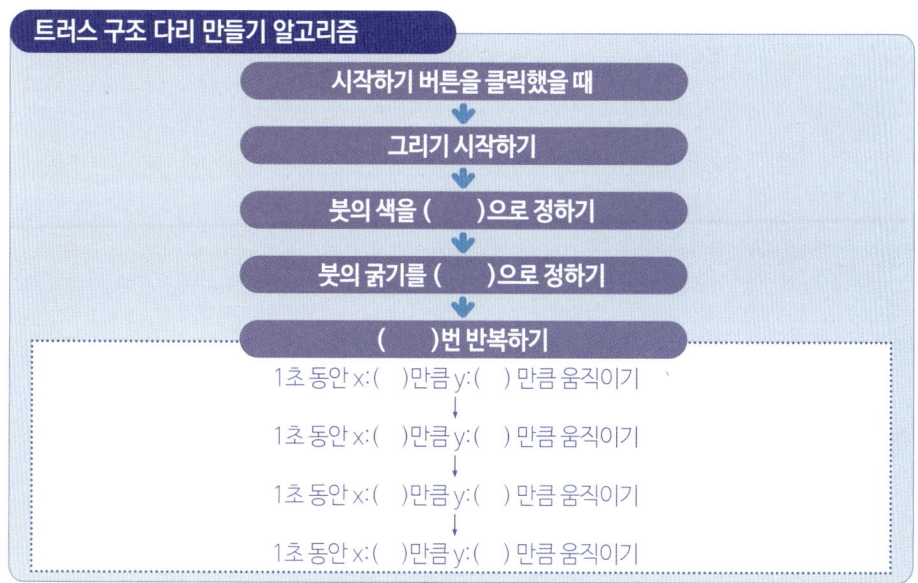

3 코딩하기

① 예제 파일 확인하기

스터디 공유하기에서 '트러스 구조 다리 디자인'으로 검색하세요.

익스플로러 또는 크롬의 주소창에 아래 주소를 입력하세요.

http://m.site.naver.com/0KwMd

스마트 기기에서 QR코드로 접속하세요.

② 코드 만들기

끊어진 다리를 연결하여 아이들이 건너갈 수 있는 코드를 만들어보세요.

오브젝트	작성코드
 3D 프린팅	아이들이 안전하게 이동할 수 있도록 튼튼한 다리를 제작할 수 있는 코드를 만들어야 합니다. 기본으로 제시하는 코드는 다음과 같습니다. 빈칸을 채워서 코드를 완성해보세요. 

만드는 순서는 다음과 같습니다.

① 다리 그리기를 시작하기 위한 블록을 먼저 넣어야 합니다.
　필요한 블록은 블록 꾸러미에서 찾을 수 있습니다.

② 끊어진 다리의 기존 색과 같은 다리를 만들기 위해서 붓의 색을 정해야 합니다.
　 빈칸 ② 를 좌클릭하여 스포이드 기능을 이용하여 색을 정해봅시다.

오브젝트	작성코드
3D 프린팅	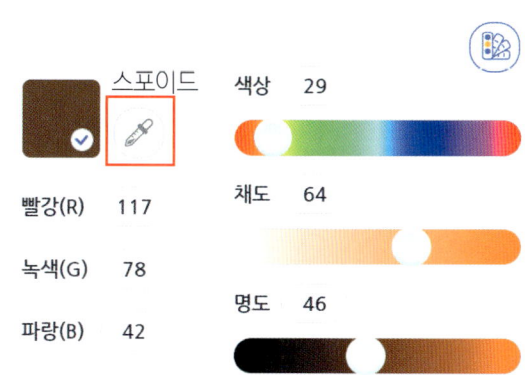 ③ 끊어진 다리의 굵기를 '10'만큼 정하기 위해 빈칸 ③ 에 적절한 숫자를 입력합니다. ④ ◣ 모양을 그리기 위해 빈칸 ⑤ 에  블록을 이용하여 코딩합니다. 코딩 방법은 다음과 같습니다. 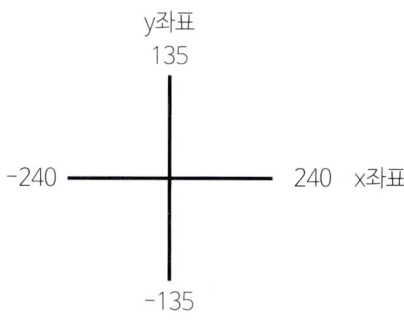 〈엔트리 실행화면의 좌표 범위〉 ※ x 좌표는 가로 방향을 나타냅니다. 왼쪽으로 갈수록 작아지며 오른쪽으로 갈수록 커집니다. ※ y 좌표는 세로 방향을 나타냅니다. 아래쪽으로 갈수록 작아지며 위쪽으로 갈수록 커집니다.

오브젝트	작성코드
3D 프린팅	⑤ 다리를 만드는 순서는 다음과 같습니다.

순서	만들 모양		코딩 블록
1	100 →	→	`1 초 동안 x: 100 y: 0 만큼 움직이기` 가로 방향 오른쪽으로 100만큼 그리기 위해 x:100 y: 0을 입력한다.
2	↑100 ←100	→	`1 초 동안 x: -100 y: 100 만큼 움직이기` 가로 방향 왼쪽으로 100만큼, 세로 방향 위쪽으로 100만큼 그리기 위해 x:-100 y: 100을 입력한다.
3	100 →	→	`1 초 동안 x: 100 y: 0 만큼 움직이기` 가로 방향 오른쪽으로 100만큼 그리기 위해 x:100 y: 0을 입력한다.
4	↓100	→	`1 초 동안 x: 0 y: -100 만큼 움직이기` 세로 방향 아래쪽으로 -100만큼 그리기 위해 x:0 y: -100을 입력한다.

그려지는 다리의 모양은 아래와 같습니다.

오브젝트	작성코드

⑥ 끊어진 다리를 연결하기 위해서는 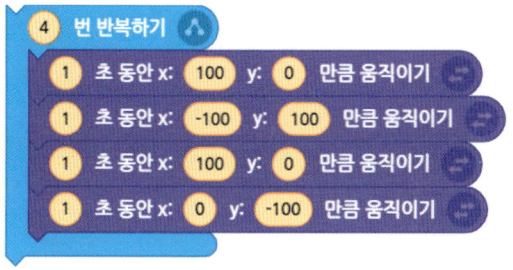 모양을 4번 반복하여 그려야 합니다. 그러므로 4번 반복하여 그리기 위해 빈칸 ④ 에 4를 입력합니다.

⑦ 블록을 완성하면 다음과 같습니다.

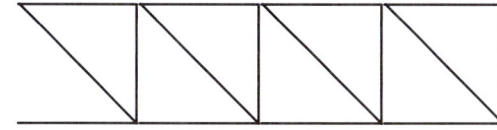

⑧ 위 코드로 그려지는 다리 모양은 다음과 같습니다.

3D 프린팅

4 실행 및 디버깅하기

완성한 코드로 엔트리에서 실행되는 모습은 다음과 같습니다.

〈프로그램 실행 전 장면〉

〈프로그램 최종 실행 장면〉

이럴 땐 이렇게!

Q 다리를 연결하기만 하면 모두 성공인가요?
A 아닙니다. 무게를 버틸 수 있는 트러스 구조를 활용해 만들어야 성공할 수 있습니다.

Q 스포이드 기능은 어떻게 사용하나요?
A 스포이드 기능을 클릭하여 남아있는 다리 부분을 클릭하면 됩니다.

Q 미션이 너무 쉬워요.
A 그렇다면 더 튼튼한 다리를 만들기 위해 8번 반복하여 촘촘한 트러스 구조를 만들 수도 있습니다.

Q ◣ 모양을 좌표를 사용하지 않고 그릴 수 있나요?
A 가능합니다. 아래 코드처럼 방향으로 이동하도록 그릴 수 있습니다.

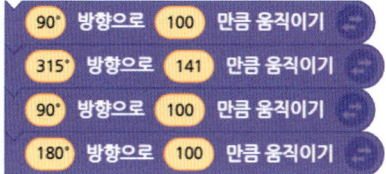

도전미션_03

번역 프로그램 만들기

인공지능 블록을 사용하여 번역기 프로그램을 만들어 봅시다. 리스트에 저장된 자료 값을 불러와 다른 나라의 언어를 한국어로 번역하는 프로그램을 만들어야 합니다.

① 미션 이해하기

인공지능 블록의 번역을 활용하여 다른 나라의 언어를 한국어로 번역한 뒤 얻은 정보를 바탕으로 침입자 경고를 해제해야 합니다.

번역 기능을 활용하여 정보를 얻은 뒤 침입자 경고를 해제하여 봅시다.

② 코딩 계획 세우기

번역을 위한 알고리즘을 확인해보세요.

〈1〉 번역버튼1

> **오브젝트를 클릭했을 때**
> ↓
> [영어 (단기기억의 1번째 항목)를 한국어로 번역하기]를 2초 동안 말하기
> ↓
> [영어 (단기기억의 2번째 항목)를 한국어로 번역하기]를 2초 동안 말하기
> ↓
> [영어 (단기기억의 3번째 항목)를 한국어로 번역하기]를 2초 동안 말하기

〈2〉 번역버튼2 / 번역버튼3

> **오브젝트를 클릭했을 때**
> ↓
> [??어 (단기기억의 1번째 항목)을 한국어로 번역하기]를 2초 동안 말하기
> ↓
> [??어 (단기기억의 2번째 항목)을 한국어로 번역하기]를 2초 동안 말하기
> ↓
> [??어 (단기기억의 3번째 항목)을 한국어로 번역하기]를 2초 동안 말하기

3 코딩하기

① 예제 파일 확인하기

방법 01
스터디 공유하기에서 '번역 프로그램 만들기'로 검색하세요.

방법 02
익스플로러 또는 크롬의 주소창에 아래 주소를 입력하세요.

http://m.site.naver.com/0KwMG

방법 03
스마트 기기에서 QR코드로 접속하세요.

② 코딩 준비하기

인공지능 블록 불러오기

인공지능 탭에서 확장꾸러미를 선택한 뒤 인공지능 블록 불러오기를 할 수 있습니다.
인공지능 블록 중 번역을 활용합니다.

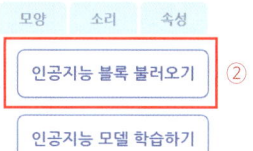

리스트 확인하기

속성 탭에서 리스트를 확인할 수 있습니다. 리스트의 이름을 바꾸거나 리스트 내보내기 및 불러오기, 리스트 항목 수 변경, 항목의 내용 변경 등이 가능합니다.

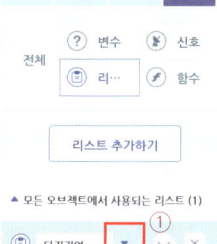
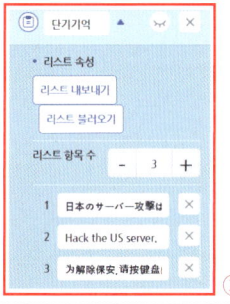

③ 코드 만들기

번역버튼 오브젝트를 클릭하여 리스트에 저장된 다른 나라의 언어를 번역하는 프로그램을 만들어보세요.

오브젝트	작성코드
 번역버튼1	이 오브젝트에서는 리스트 항목별로 저장된 값을 불러와 번역하는 프로그램을 만들어야 합니다.  만드는 순서는 다음과 같습니다. ① 확장 꾸러미의 번역 블록을 활용합니다. 번역하기 위해 해당 언어의 나라를 먼저 선택하고 한국어로 번역해야 합니다. ② 리스트의 항목을 불러 오기 위해서는 자료 블록 꾸러미의 블록을 활용해보세요. ③ 방금 ②에서 완성한 코드를 복사 후 붙여넣기 한 뒤 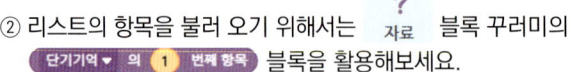 좌측 블록의 빈 부분만 수정해 봅시다. ※ 리스트에 저장된 언어가 어느 나라의 언어인지 모를 경우를 대비해서 번역버튼1 오브젝트에서는 영어 번역, 번역버튼2 오브젝트에서는 일본어 번역 등으로 버튼별 번역 언어를 정해줄 수 있습니다. ④ ③번 과정을 반복한 뒤 번역버튼1(영어)의 코드를 완성합니다.

오브젝트	작성코드

이 오브젝트는 번역버튼1 오브젝트의 코드를 복사해서 번역할 언어만 변경해 봅시다.

번역버튼2

① 번역버튼1에서 만든 코드를 마우스 우클릭한 뒤 '코드 복사'를 선택합니다.

② 번역버튼2로 돌아와 마우스 우클릭한 뒤 '붙여넣기'를 합니다.

③ ①번 칸에 들어갈 언어를 선택해서 바꿔줍니다.
　-번역버튼1과는 다른 나라의 언어를 선택합니다.
　-번역할 문장이 어떤 나라의 언어로 써 있는지 잘 살펴보고 선택합니다.

번역버튼3

① 번역버튼1에서 만든 코드를 마우스 우클릭한 뒤 '코드 복사'를 선택합니다.

② 번역버튼3으로 돌아와 마우스 우클릭한 뒤 '붙여넣기'를 합니다.

③ ①번 칸에 들어갈 언어를 선택해서 바꿔줍니다.
　-번역버튼1, 2와는 다른 나라의 언어를 선택합니다.
　-번역할 문장이 어떤 나라의 언어로 써 있는지 잘 살펴보고 선택합니다.

4 실행 및 디버깅하기

완성한 코드로 엔트리에서 실행되는 장면은 다음과 같습니다. 얻은 정보를 바탕으로 침입자 경고를 해제시켜 보세요.

상황	프로그램 실행결과
선택한 언어와 번역할 언어가 일치할 경우	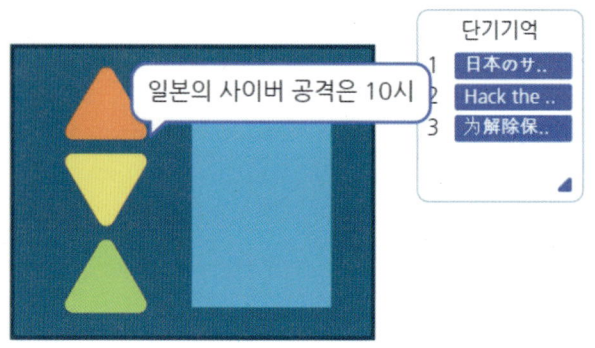
선택한 언어와 번역할 언어가 일치하지 않을 경우	

이럴 땐 이렇게!

Q 번역을 다 했는데 성공 장면으로 넘어가지 않아요.
A 번역을 한 뒤 얻은 정보들을 바탕으로 침입자 경고를 해제하는 키를 눌러야 미션에 성공할 수 있습니다.

Q 꼭 버튼별로 1가지 언어만 선택해야 하나요?
A 무슨 나라의 언어인지 알고 있다면 하나의 버튼에 모든 언어를 번역할 수 있도록 코딩할 수도 있습니다. 다만, 어느 나라의 언어인지 모를 경우 버튼별로 언어를 정해주어 리스트의 모든 항목을 번역해볼 수 있습니다.

Q 다른 언어들이나 문장도 번역할 수 있을까요?
A 빈칸에 문장을 복사해서 넣고 알맞은 언어를 선택한다면 번역할 수 있습니다. 다만 20자 이내의 문장 또는 단어만 번역할 수 있습니다.

도전미션_04

데이터 수집기 만들기

메인보드(MB)와 중앙처리장치(CPU) 사이를 오고 가는 데이터를 훔치는 프로그램을 만들려고 합니다. 키보드로 조작하여 데이터 수집기를 움직이는 방법을 배워봅시다.

① 미션 이해하기

데이터 수집기는 메인보드(MB)와 중앙처리장치(CPU) 사이를 오가는 데이터를 낚아챌 수 있습니다. 데이터 수집기를 움직이기 위해서는 키보드로 조작할 수 있도록 코딩이 필요합니다.

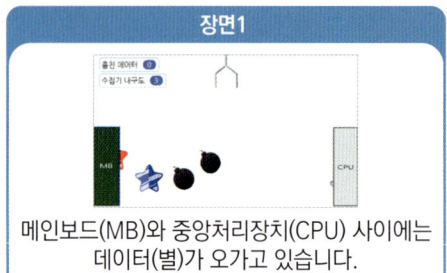

장면1

메인보드(MB)와 중앙처리장치(CPU) 사이에는 데이터(별)가 오가고 있습니다.

장면2

키보드의 방향키와 스페이스바를 이용하여 데이터(별)를 훔칠 수 있습니다.

② 코딩 계획 세우기

데이터 수집기 조작을 위한 알고리즘을 확인해보세요.

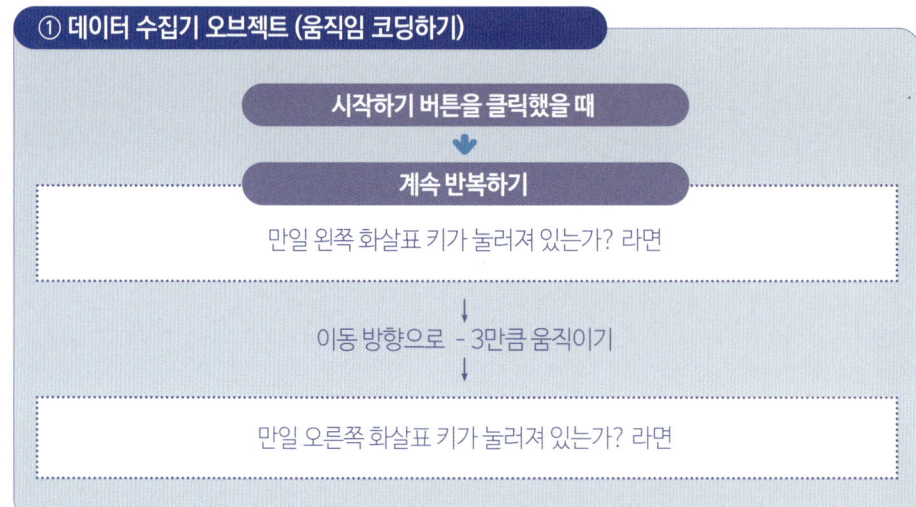

① 데이터 수집기 오브젝트 (움직임 코딩하기)

시작하기 버튼을 클릭했을 때
↓
계속 반복하기

만일 왼쪽 화살표 키가 눌러져 있는가? 라면
↓
이동 방향으로 -3만큼 움직이기
↓
만일 오른쪽 화살표 키가 눌러져 있는가? 라면

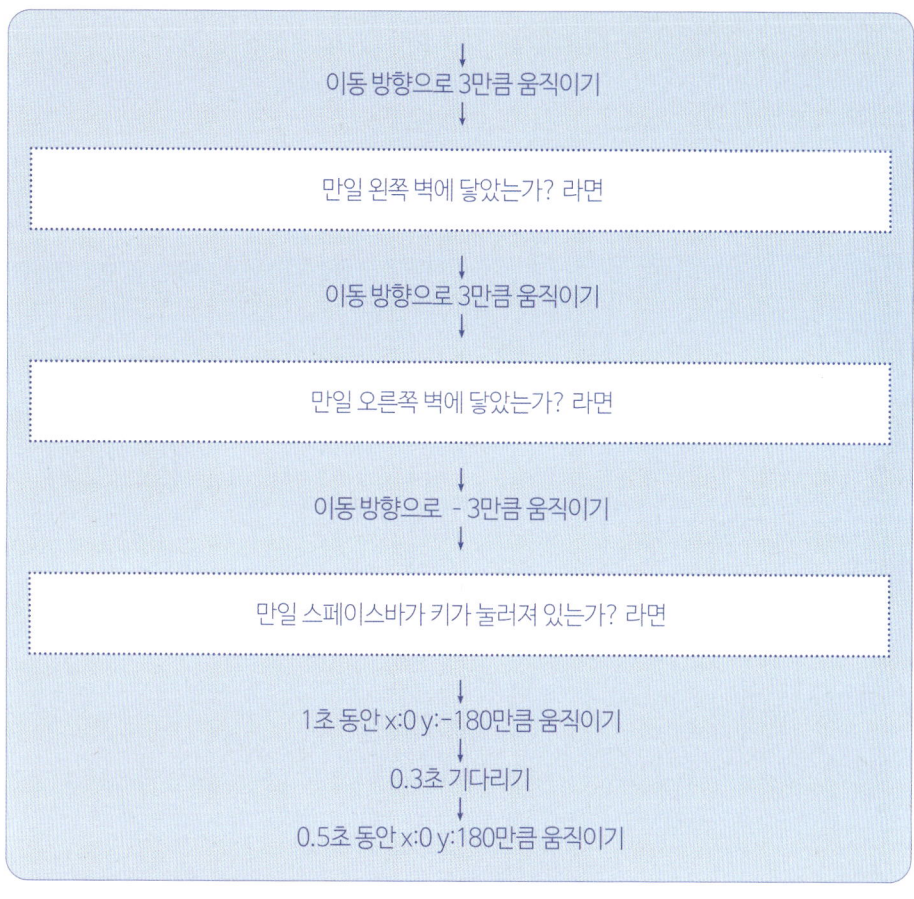

② 데이터 수집기 오브젝트 (열림 / 닫힘 코딩하기)

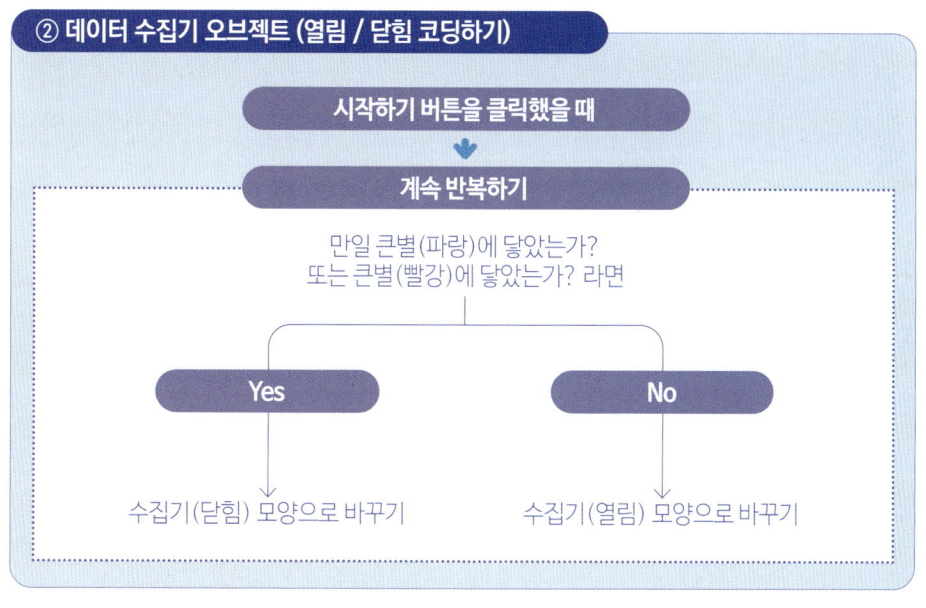

3 코딩하기

① 예제 파일 확인하기

방법 01
스터디 공유하기에서 '데이터 수집기 만들기'로 검색하세요.

방법 02
익스플로러 또는 크롬의 주소창에 아래 주소를 입력하세요.

http://m.site.naver.com/0KwMS

방법 03
스마트 기기에서 QR코드로 접속하세요.

② 코딩 준비하기

변수 확인하기

속성 탭에서 변수를 확인할 수 있습니다. 기존에 만들어져 있는 '수집기 내구도' 변수와 훔친 '데이터 변수'가 각각 실패, 성공 조건에 활용됩니다.

③ 코드 만들기

데이터 수집기 오브젝트를 클릭하여 코드블랙의 데이터를 훔쳐낼 수 있는 '데이터 수집기'를 만들어보세요.

오브젝트	작성코드

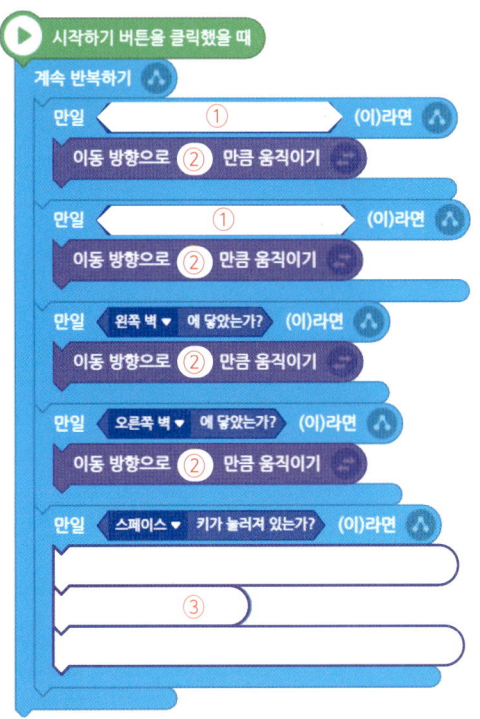
데이터 수집기
	이 오브젝트에서는 데이터를 수집할 수 있도록 데이터 수집기 모양바꾸기, 조작에 따라 데이터 수집기 움직이기 코딩을 해야 합니다.
	
	① 왼쪽 화살표 키와 오른쪽 화살표 키를 눌렀을 때 데이터 수집기가 움직일 수 있도록 조건을 설정합니다.
	
	② 원하는 방향으로 이동할 수 있도록 숫자 '3'과 '-3' 중 하나를 선택하여 입력합니다. 그리고 벽에 닿았을 때 데이터 수집기가 화면 밖으로 나가지 않도록 숫자 '3'과 '-3' 중 하나를 선택하여 입력합니다.
	
	③ 스페이스 키를 눌렀을 때
	   - 1초 동안 x:0 y:-180 만큼 움직이기
	   - 0.3초 기다리기
	   - 0.5초 동안 x:0 y:180 만큼 움직이기
	블록을 차례대로 코딩합니다.

오브젝트	작성코드
데이터 수집기	만드는 순서는 다음과 같습니다. 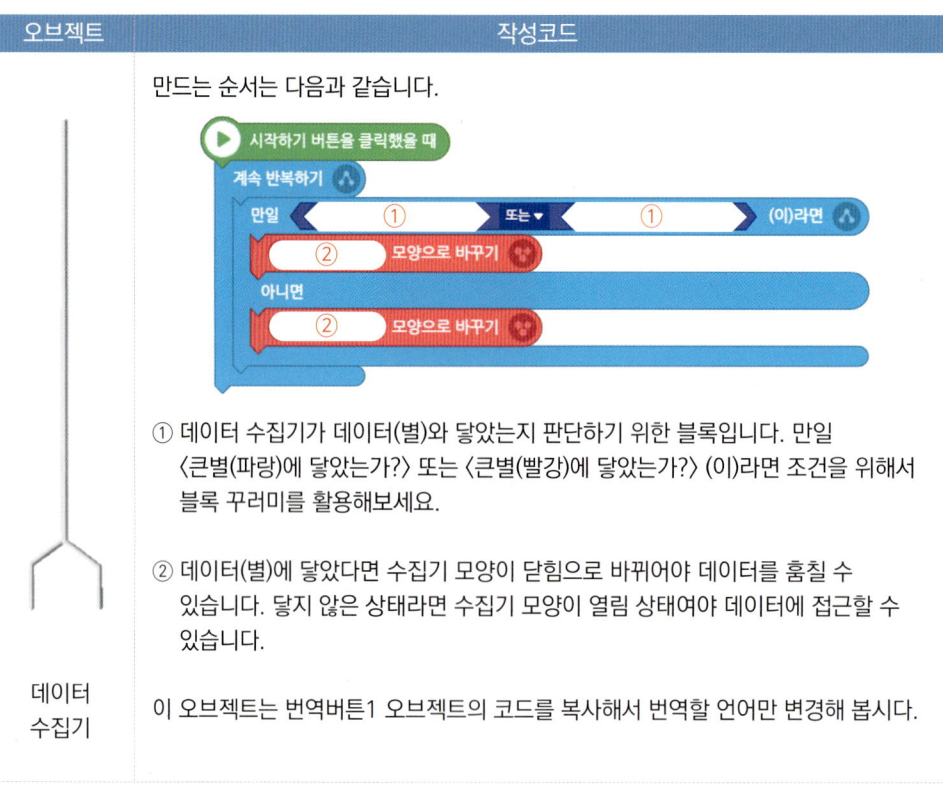 ① 데이터 수집기가 데이터(별)와 닿았는지 판단하기 위한 블록입니다. 만일 〈큰별(파랑)에 닿았는가?〉 또는 〈큰별(빨강)에 닿았는가?〉 (이)라면 조건을 위해서 블록 꾸러미를 활용해보세요. ② 데이터(별)에 닿았다면 수집기 모양이 닫힘으로 바뀌어야 데이터를 훔칠 수 있습니다. 닿지 않은 상태라면 수집기 모양이 열림 상태여야 데이터에 접근할 수 있습니다. 이 오브젝트는 번역버튼1 오브젝트의 코드를 복사해서 번역할 언어만 변경해 봅시다.

④ 실행 및 디버깅하기

완성한 코드로 엔트리에서 실행되는 장면은 다음과 같습니다. 데이터를 성공적으로 훔쳐봅시다.

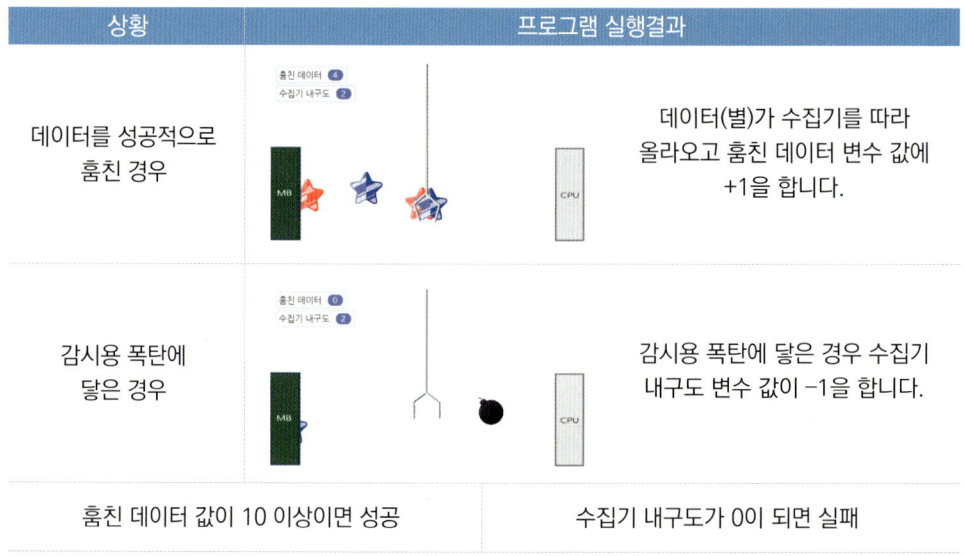

상황	프로그램 실행결과	
데이터를 성공적으로 훔친 경우		데이터(별)가 수집기를 따라 올라오고 훔친 데이터 변수 값에 +1을 합니다.
감시용 폭탄에 닿은 경우		감시용 폭탄에 닿은 경우 수집기 내구도 변수 값이 -1을 합니다.
훔친 데이터 값이 10 이상이면 성공		수집기 내구도가 0이 되면 실패

이럴 땐 이렇게!

Q 데이터 수집기가 화면 밖으로 사라져요.

A 이 코드의 노란색 칸을 다시 확인해봅시다.

Q 미션이 너무 어려워요.

A 메인보드(MB)와 중앙처리장치(CPU) 오브젝트를 클릭하고

두 코드의 노란색 칸을 수정하여 훔친 데이터 값의 조건을 낮추고 수집기 내구도를 올리면 난이도를 낮출 수 있습니다.

Q 미션이 너무 쉬워요.

A 1. 데이터(별)와 감시용 폭탄의 속도 올리기
   – 각각의 오브젝트로 가서 블록 안의 시간을 수정합니다. 시간(초)이 짧아질수록 빨리 움직입니다.
2. 데이터 수집기의 속도 낮추기
   – 데이터 수집기의 속도를 낮추면 데이터(별) 수집도 어려워지고 감시용 폭탄을 피하기도 어려워집니다.

도전미션_05

최후의 대결 게임

코딩 탐정단이 코드블랙을 찾아냈습니다. 코드블랙을 무찌르기 위해서는 군사로봇의 배터리로 사용 중인 신소재(운석)를 반응시켜 코드블랙의 시스템을 무너뜨려야 합니다.

1 미션 이해하기

수많은 난관 끝에 코딩 탐정단은 코드블랙을 마주할 수 있게 되었습니다. 코드블랙을 무찌르기 위해서는 신소재를 반응시켜야 합니다. 이를 위해 마이크로비트의 가속도 센서를 활용할 수 있습니다. 마이크로비트를 활용해 코드블랙과 대결해 봅시다.

코딩 탐정단과 코드블랙이 대결을 앞두고 있습니다.
가속도 센서 값이 일정 크기 이상이 되면 전기 에너지를 날려 보내서 코드블랙의 시스템에 과부하를 줄 수 있습니다.

2 코딩 계획 세우기

코드광선 대결을 위한 알고리즘을 확인해보세요.

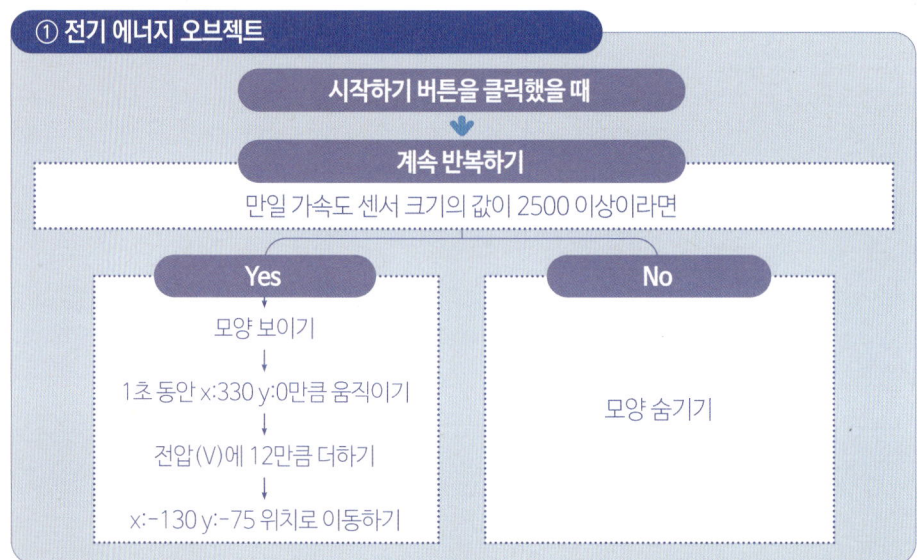

3 코딩하기

① 예제 파일 확인하기

방법 01
스터디 공유하기에서 '최후의 대결'로 검색하세요.

방법 02
익스플로러 또는 크롬의 주소창에 아래 주소를 입력하세요.

http://m.site.naver.com/0KwN2

방법 03
스마트 기기에서 QR코드로 접속하세요.

② 코딩 준비하기

마이크로비트 연결하기

엔트리 코딩 탐정단 1 : 화재 편 125~126쪽을 확인하기
또는
스마트 기기에서 아래 QR코드로 접속하세요.

이 미션을 실습하기 위해서는 마이크로비트 단품이 필요합니다.
디바이스 마트(https://www.devicemart.co.kr) 사이트나 네이버 쇼핑에서
마이크로비트를 검색하여 단품만 구매하면 됩니다.
하지만 마이크로비트 없이도 코딩할 수 있도록 156쪽에 해결방법을 소개하였습니다.

③ 코드 만들기

전기 에너지 오브젝트를 클릭하여 코드블랙의 야망을 막을 수 있는 과전압 코드광선을 완성해봅시다.

오브젝트	작성코드
전기 에너지	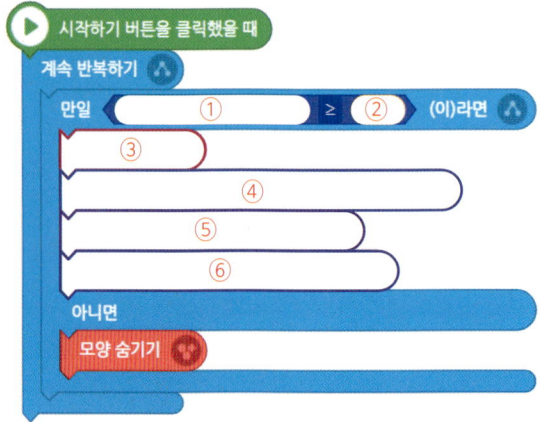

① 마이크로비트를 활용하기 위한 핵심블록입니다. ![하드웨어] 블록 꾸러미의 가속도 센서 값을 읽을 수 있는 블록을 활용해 봅시다.

② 가속도 센서의 크기가 2500 이상일 때 전기 에너지를 발생시킬 수 있도록 알맞은 수를 입력해주세요.

③ 숨겨진 오브젝트가 나타날 수 있도록  블록 꾸러미에서 '모양 보이기' 블록을 찾아보세요.

④ 전기 에너지를 날려 코드블랙의 시스템에 과부하를 줘야 합니다. 전기 에너지 오브젝트를 움직일 수 있도록 ![움직임] 블록 꾸러미의 블록을 활용해 '1초 동안 x:330 y:0 위치로 이동하기' 블록을 만들어 보세요.

⑤ 전압을 올려 과부하를 줄 수 있도록 ![자료] 블록 꾸러미의 블록을 활용해 '전압(V)에 12만큼 더하기' 블록을 만들어 보세요.

⑥ 날려보낸 전기 에너지 오브젝트를 찾기 위해 ![움직임] 블록 꾸러미의 블록을 활용해 'x:-130 y:-75 위치로 이동하기' 블록을 만들어 보세요.

④ 실행 및 디버깅하기

완성한 코드로 엔트리에서 실행되는 장면은 다음과 같습니다. 코드블랙을 무찌르고 대결에서 승리해봅시다.

상황	프로그램 실행결과
가속도 센서의 크기 값이 2500 이상인 경우	 전기 에너지 오브젝트가 날아가고 전압(V) 변수에 12만큼 더해집니다.
가속도 센서의 크기 값이 2500 미만인 경우	 방전봉 오브젝트의 모양이 변하고 전압(V) 변수가 -10만큼 더해집니다.

전압(V) 변수가 450V보다 높아지면
코딩 탐정단의 승리

전압(V) 변수가 -30V보다 낮아지면
코딩 탐정단의 패배

이럴 땐 이렇게!

Q 전기 에너지가 움직이지 않거나 움직이다가 멈춰요!
AID가 말을 하지 않아요!

A 하드웨어 연결이 끊어진 상태입니다. 하드웨어 연결프로그램을 껐다가 다시 실행합니다. 한 번 만에 작동이 돌아오지 않더라도 작동할 때까지 반복적으로 하드웨어 연결프로그램을 종료 후 재실행해봅니다.
그래도 안 될 경우 마이크로비트 없이 실행하는 아래 코드를 활용합니다.

Q 마이크로비트가 없어요.

A 가속도 센서 대신 스페이스바를 이용하는 방법입니다. 다만 난이도가 너무 쉬울 수 있으니 전압(V)에 12만큼 더하기의 값을 12 이하의 숫자로 바꾸는 것을 추천합니다.

Q 미션이 너무 쉬워요.

A 가속도 센서의 값이 3000 이상일 때 코드가 작동하도록 변경하고 전압(V)변수에 더해지는 값을 줄여봅니다. 방전봉 오브젝트를 클릭하여 방전되는 양을 늘릴 수도 있습니다.